AF386408

Was getan werden soll

Wir wollen eine Einrichtung schaffen, die zu Anfang einfach
ein Büro zur Anleitung und Koordination einiger Dokumentarfilmarbeiten ist.

In letzter Konsequenz eine (die) nationale Bilderbibliothek.

Herstellend Material zur Untersuchung der Gegenwart,
zukünftig der Vergangenheit.

Diese Einrichtung soll sammeln, das heisst sicherstellen, was es
gibt und produzieren, das heisst initiieren, was es noch nicht gibt.

Es soll nichtkommerziell gearbeitet werden, es sollen Mittel
und Arbeitskräfte aus dem öffentlichen Wissenschaftsbereich
gesammelt werden.

Arbeitsweisen.
Die Einrichtung beauftragt ein Team, Filmmaterial zu einem
bestimmten Gegenstand herzustellen.

Die Einrichtung stimmt die Arbeit mehrerer Teams, die
bestimmte Gegenstände bearbeiten, aufeinander ab.

Die Einrichtung gibt jemandem, der über eine bestimmte
Sache einen Film macht
entweder die Möglichkeit, dokumentarische Untersuchungen
auf Film zu materialisieren, die sonst nur auf dem Papier da
wären oder im Kopf

oder jemandem, der im Rahmen einer bestehenden Arbeit
etwas Wichtiges nur kurz ausführt die Möglichkeit, diese
Sache auszudehnen.

Etwas zum Dokumentenwert von Filmen
Wie bei der Arbeit mit schriftlichen Quellen kann das Dokumentieren nicht der Publizistik überlassen sein. Die Millionen Kilometer, die jährlich bei Film und TV produziert werden, sind wenig geeignet, die wirkliche Welt so zu dokumentieren, dass sich mit den Quellen arbeiten lässt.

Nicht nur fehlt die Angabe über Ort, Zeit und Kondition der Aufnahme. Mehr als bei der Arbeit mit Texten geht hier das Material im Endprodukt auf. Aus einem Text, der etwas sagt, kann man auch etwas folgern, was dort nicht gesagt ist. Das kann man sagen, indem man sich auf den Materialwert eben dieses Textes stützt.

Bei Filmmaterial kann man vielleicht etwas anderes herauslesen, aber man kann kaum etwas anderes damit schreiben. Wenn man das versucht, wie in der Kompilationspraxis üblich, kommt man zu haltlosen Aussagen.

Eine Wochenschauaufnahme von 1947 dokumentiert eher, wie damals eine Wochenschau geschnitten und gesprochen wurde, kaum, wie es damals aussah und was ein Redner sagte. Anders als bei textueller Arbeit macht der Negativschnitt die Ausrichtung von einem Material auf ein bestimmtes Erkenntnis/Darstellungsinteresse endgültig. (Während eine schriftliche Quelle durch ihre Interpretation gerade einer neuen Verwendung zugänglich wird). In der Praxis der Fernsehanstalten wird auch das überschüssige Material (der Schnittrest) vernichtet.

Der bestimmte Verwertungs/Ausdruckszweck in der Publizistik verhindert auch eine genügend intensive und genügend kontinuierliche Untersuchung einer Sache.

Es wird auch nicht das genügend untersucht, was wirklich
eine brauchbare Bibliothek aus Bildern konstituiert; das
Systematische und Unsystematisierbare.

Was man Dokumentation nennt, das zeigt die Welt so, als
wäre sie bekannt, was dann dazu führt, dass man nach
ein paar Jahren schon nicht mehr erfahren kann, wie sie
ausgesehen hat. Es müssen aber Bilder gemacht werden,
mit denen schon jetzt die fremde Welt entdeckt wird und
die Gegenwart Geschichte wird. Wir müssen Bausteine
produzieren. Zuerst müssen wir entwickeln, wie man diese
Bausteine gewinnt und dann müssen wir zusammensetzen
und auseinandernehmen.

Mit einer Einrichtung wie dieser können wir auch einen
Zusammenschluss von Arbeitenden organisieren, nicht einen
aus abstrakter Einsicht, sondern aus den Berührungspunkten
der Arbeit.

UMFRAGE

wir verfassen diesen brief, um zu erfahren, was sie sich von
einem institut erwarten, wie wir eins konzipieren. (siehe den
beiliegenden ersten entwurf von h. farocki). wir schreiben
um ausführlich zu erfahren, was sie für ein solches institut
tun könnten.

wir gehen davon aus,
dass die von der publizistik, meist fernsehpublizistik erzeug-
ten und bewahrten bilder einen geringen dokumentenwert
haben, sie werden von leuten, die einen kleinen satz von
vorausannahmen im kopf haben, produziert. wegwerfillustra-
tionen zu gegebenen denk- und sprachregelungen. es werden
kaum vorgänge aufgenommen, fast nur bildmetaphern. die
originale werden für die einmalige präsentation zerschnitten,
nach ein paar jahren sieht man: die bilder dokumentieren
nur die sprechweise der publizistik zu einer bestimmten zeit:
mehr haben sie nie dokumentiert, überdies sind die bilder
aus formal-rechtlichen gründen nur schwer verfügbar.

wir gehen davon aus,
dass in einer gemeinsamen anstrengung bei institutionen
von forschung und lehre produktionsmittel beschafft werden
müssen, um filmbilder mit einem wirklichen dokumentenwert herzustellen, sie können mit der lust gemacht sein,
etwas, was es gibt, zu bewahren (und nicht nur dessen redensarten) und sie können mit der lust gemacht sein, etwas, was
es gibt, wiederzugeben (und nicht nur dessen redensarten).

wir denken daran, nachdem wir herausgefunden haben, ob
und wie wir uns konstituieren können, einen sekretär oder
verbindungsmann einzusetzen, der hauptamtlich herausfin-
det, wo welche mittel zu beschaffen sind.

wir richten an sie die frage, ob sie diese arbeit machen
wollten und könnten oder ob sie jemanden kennen, der sie
tun will (1).

<u>verbindungen</u>

wir müssen herauskriegen, welche institutionen in der brd
eine arbeit wie die unsrige fördern könnten. universitäten
und behörden, gewerkschaften und parteien, wirtschaft und
stiftungen. eventuell, wenn man ihnen gegenüber so auf-
tritt, dass eine sondervereinbarung möglich wird, auch fernsehanstalten. es ist wichtig, dass sie jede organisation,
die zur finanzierung unserer arbeit in frage kommen könnte,
aufschreiben. notieren sie die bezeichnung, die anschrift
und jeweils zuständige bzw. ansprechbare person. setzen sie
hinzu, welche erfahrungen sie mit person und organisation
gemacht haben. die organisation muss dabei nur einen
teil unserer arbeit fördern können. lassen sie das entlegenste
nicht aus, vielleicht eine gesellschaft, die für bodenkund-
liche filme zuständig ist (2).

machen sie uns auch vorschlage, ob wir uns einer bestehenden institution anschliessen sollen (3).

<u>projekte</u>

zum sammeln, vergleich, miteinander-in-verbindung-bringen
sollte jeder seine individuellen projekte mitteilen. kurze
beschreibung. einschliesslich solcher vorhaben, die vom tv und
anderen produktionsträgern abgelehnt wurden, abgebrochene
bzw. liegengelassene und verworfene arbeiten, den zustand
des projekts: erste idee, bzw. 5 jahre schon recherchiert...,
erkennbar machen... (4).

<u>vorhandenes material</u>

es gibt sicher einiges an material, das mancher im keller
rumliegen hat. auch davon sind knappe beschreibungen er-
wünscht, z. b. „5 stunden gespräch vom august 1961 mit
einem kulmbacher töpfer über seine glasuren, 16 mm, schwarz/
weiss, synchron auf zwei bändern".

bitte geben sie uns auch hinweise auf fremdes material, das
zugänglich ist (5).

<u>referenzen</u>

wir haben überlegt, dass um anträge stellen zu können, wir
referenzen benötigen werden, d. h. es muss mitglieder dieser
initiative geben, die filme, videobänder und tonbänder
haben, die demonstrieren, dass wir eine dokumentationsarbeit
machen können. bitte nennen sie uns arbeiten von ihnen,
die diese funktion erfüllen können (6).

<u>plan</u>

es sollen vorschläge gemacht werden, über die einzelnen vorhandenen beiträge hinaus, wie die <u>arbeitsbereiche</u>
und <u>arbeitsweise</u> eines solchen instituts gewünscht
werden.

der beiliegende entwurf zählt einige mögliche arbeitsweisen
des instituts auf, beschreiben sie, welche sie für sich und
allgemein realisierbar halten (7).

<u>arbeitsmittel</u>

haben sie kamera, schneidetisch, tonband, videoanlage? haben
sie zugang zu arbeitsmitteln anderer und von institutionen?

schreiben sie, zu welchen konditionen die geräte, eventuell auch filmmaterial und tv-bänder zugänglich sind (8).

<u>disposition</u>

es wird schwer sein, eine arbeitsmöglichkeit aufzubauen. wir müssen wissen, wieviel zeit und kraft jeder einsetzen kann. schreiben sie bitte, in welcher weise sie im laufe etwa der nächsten eineinhalb jahre abkömmlich wären. antworten sie bitte bis zum 30. September 76. schreiben sie bitte an die redaktion filmkritik 8 münchen 2, kreittmayrstrasse 3 (9).

herzliche grüsse, im auftrag h. farocki

Bausteine produzieren
Das Arbeitspapier „Was getan werden soll"

Ende 1975 setzt sich Harun Farocki an eine elektrische Schreib-
maschine und beginnt zu tippen.[1] „Was getan werden soll"
ist der im Original zweiseitige, in kurze Abschnitte gegliederte
Aufruf überschrieben. Er wird von einer zweieinhalbseitigen
„Umfrage" begleitet, die möglicherweise später, im Sommer 1976
entstand.[2] Farocki schreibt nicht als romantisches Autoren-
subjekt. Der Text beginnt emphatisch mit „Wir", die Umfrage
unterzeichnet er „im auftrag". Wer genau das in beiden Text-
teilen sprechende „wir" ist und in wessen Auftrag es handelt,
ist dem Text nicht zu entnehmen. Johannes Beringer, Mitar-
beiter an vielen Produktionen Farockis in den 1970er Jahren,
hat uns (einem anderen „wir") den Text als verblasste Foto-
kopie zusammen mit einem Konvolut von Drehbüchern,
Arbeitspapieren, Treatments aus den Jahren 1970 bis 1982 kurz
nach Farockis Tod im Sommer 2014 zugänglich gemacht.
Über den Hintergrund des Schreibens, über mögliche Mit-
streiter/innen einer Gruppe oder Reaktionen auf die Umfrage
kann Beringer heute nichts sagen. Auch in der *Filmkritik* der
Jahrgänge 1976 und 1977, an deren Münchener Redaktion
die Adressat/innen des Aufrufs ihre Antworten bis September
1976 schicken sollten, finden sich nur indirekte Spuren.

---

1 Bereits im April 1975 lässt sich in einem Brief von Hella Jürgens an Harun
   Farocki ein Austausch über „Arbeit" und „Institut" nachlesen, der sicher
   auch in direktem Zusammenhang mit Farockis Arbeit an der *Filmkritik*,
   Nr. 291, März 1975 steht. Eine unmittelbare Reaktion auf Farockis Entwurf
   für ein „Dokumentationsarchiv" findet sich in einem Antwortbrief von
   Ingemo Engström an ihn am 2. Dezember 1975.
2 Sicher nicht zufällig erinnert der Titel an Jean-Luc Godards „Que faire?"
   (1970), das seinerseits Lenins „Was tun?" (1902) zitiert. Frieda Grafe hatte
   Godards Manifest für den Band *Godard/Kritiker* (München: Hanser, 1971)
   übersetzt.

Ingemo Engström dagegen, eng vertraut mit Farockis Leben und Arbeit zu dieser Zeit, erinnert sich sehr präzise an ihren gemeinsamen Film *Erzählen* (1975) als wichtigen Kontext des Papiers. In einer Email im März 2016 schreibt sie: „Der erste Entwurf zu *Erzählen* ist datiert auf den 12. Februar 1975. Den hat Harun zunächst allein geschrieben für den WDR [Westdeutscher Rundfunk], und der enthält in der Tat schon manche Elemente, die in dem Aufruf ‚Was getan werden soll‘ […] wieder erscheinen. Diese Idee zu einem Dokumentations-Zentrum war mir aber schon in einem Brief in einer Art Kurzfassung im Januar 1975 von Harun mitgeteilt gewesen. Also gab es diese Idee eines Aufrufs schon vor dem WDR-Entwurf zu *Erzählen* und vor den Dreharbeiten dann im Sommer 1975. Zur Gründung eines Dokumentations-Zentrums gab es auch eine erste konstituierende Sitzung in meiner damaligen Wohnung in der Nymphenburger Straße in München. Daran haben vor allem *Filmkritik*-Mitarbeiter teilgenommen, wovon einige ja auch Filmemacher waren, aber es waren wohl auch noch zwei oder drei andere Leute dabei, wie etwa Helmut Färber, eine im deutschen Film seltene Person. Ich kann mich nicht erinnern, ob dieses Treffen nach der Filmarbeit zu *Erzählen* war, oder vorher. Ich sehe, dass Harun in einem Brief vom 6. Januar 1976 mir mitteilt, dass er einen Brief von dem in Schweden lebenden Dokumentarfilmer Peter Nestler bekommen habe: ‚von nestler bekam ich in institutssachen einen klugen brief, auch färber fiel schon einiges ein‘. Die Idee zu dem Aufruf ‚Was getan werden soll‘ fällt also ganz in die Zeit, in der wir *Erzählen* konzipierten und auch drehten. Der Drehentwurf zu dem Film enthält dann auch ähnliche Aufforderungen an Filmemacher, wie z. B. ‚mehrere projekte so zu verbinden, dass das lernen für den einzelnen eine kontinuierliche linie ergibt‘ oder ‚autorenschaft als definition einer bestimmten intensität zu den produktionsmitteln und sujets‘."[3]

---

3   Ingemo Engström: Email an Doreen Mende vom 31. März 2016. Der erwähnte Brief von Peter Nestler ist ab S. 20 der vorliegenden Publikation abgedruckt.

Engströms Beschreibung macht deutlich, dass Farockis Papier das Ergebnis lebhafter Diskussionen ist und sein Schreiben zumindest im kleinen Kreis zirkulierte. Aus der Idee zu einer „Einrichtung", wie sie Farocki hier vorschwebt, ist dennoch keine tatsächliche Einrichtung geworden. Dabei gibt es auch über *Erzählen* hinaus zahlreiche Beispiele in Farockis „Verbundsystem" Mitte der 1970er Jahre, in denen Produktion mit Nachdruck als „Zusammenschluss von Arbeitenden" gedacht wird. Zusammen mit Hanns Zischler inszeniert er 1976 die Stücke *Die Schlacht* und *Traktor* von Heiner Müller, zunächst für das deutsche Fernsehen (Sender Freies Berlin/SFB), anschließend für die Bühne am Theater Basel.[4] Als vielstimmige Collage historischer Dokumente zur Allianz zwischen deutscher Großindustrie und aufkeimendem Faschismus legt er das im April 1976 gesendete Hörspiel *Das große Verbindungsrohr* (WDR 3) an, das zugleich vorläufiges Rechercheergebnis und wichtige Vorarbeit zu *Zwischen zwei Kriegen* ist.

In den Jahren, bevor dieser Film – eine „Eigenproduktion aus den Mitteln aller Beteiligten", wie es im Abspann heißt – als Farockis erster wirklicher Kinofilm nach sehr langer und schwieriger Produktionsgeschichte 1978 fertig wird, arbeitet er vor allem für Fernsehen und Rundfunk. Um das Ungenügen an der bildjournalistischen Praxis und den Arbeitsbedingungen des TV-Dokumentarismus kreisen in dieser Zeit viele

---

4   Siehe die Texte „Erneut Bedenkliches" in: *Filmkritik* Nr. 238, Oktober 1976, S. 500–508 und „Ein Zigarettenende…" in: *Filmkritik* Nr. 241, Januar 1977, S. 36–48, in denen Farocki und Zischler von der Arbeit in Berlin und Basel berichten. Hanns Zischler kann sich heute nicht mehr an „Was getan werden soll" oder den Hintergrund von Farockis Aufruf erinnern: „Seltsamerweise kann ich mich nicht konkret erinnern, von dem hier abgetippten Projekt gehört zu haben, nur ganz vage, ganz am Rande meines Erinnerungshorizonts wird mir deutlich, daß Haruns Verhältnis zur *Filmkritik* ohnehin sehr viel intensiver und ohnehin länger war als meines." (Hanns Zischler: Email an Volker Pantenburg vom 20. März 2016)

Filmkritik-Texte und Polemiken Farockis.[5] Die Fernseharbeit ist auch zentraler Gegenstand der drei Sendungen der WDR-Reihe „Telekritik", die Farocki von 1973 bis 1975 dreht. In *Der Ärger mit den Bildern* und *Arbeit mit Bildern* wird die Phrasenhaftigkeit des Genres „Feature" in detaillierten Lektüren vorgeführt, in *Über ,Song of Ceylon' von Basil Wright* erscheint der britische Film von 1934 als Antidot gegen schlampige Pseudo-Dokumentarismen der Fernsehberichterstattung. „Es soll dem Feature nicht abverlangt werden, nur mit konkreten Ausdrücken umzugehen", schreibt Farocki in einem begleitenden Text zu einer der „Telekritik"-Sendungen, „aber man kann ihm ansehen, daß die meisten Abstraktionen nur Drückebergerei vor einer Untersuchung der Wirklichkeit sind."[6]

Die von Farocki avisierte „Einrichtung" hätte andere, gemeinschaftliche und kollaborative Verfahren ermöglichen sollen, umfassende und interdisziplinäre Untersuchungen ohne Zeitdruck, Arbeiten, die den „Dokumentenwert von Filmen" ernst nehmen. Bereits in den ersten beiden Sätzen des Dokuments wird die enorme Spannweite dessen sichtbar,

---

5   Exemplarisch sei hier verwiesen auf „Arbeiten – beim Fernsehen", in: *Filmkritik*, Nr. 291, März 1975, S. 110–117: Der Beitrag ist ein Resultat von Gesprächen zwischen Harun Farocki und den WDR-Cutterinnen Elke Christ und Erika Kisters. Die Gespräche erscheinen wie ein Teil der Forschung, mit welcher die Analyse der Arbeitsbedingungen in einer „Einrichtung" präzisiert wird. Es geht um Mitbestimmung, Arbeitsteilung („… sollte bestehen im Handwerklichen; der Schnitt, das ist ein gestalterisch-technischer Beruf. Aber darüber hinaus sollte es keine Teilung geben." S. 112), um Autorschaft; und um die Frage, wie Bilder zum Sprechen gebracht werden, anstatt sie mit Texten „tot und stumm" zu machen. Farocki hat diese Gespräche auch in einer Folge seiner Hörfunk-Reihe „Berufsarbeit und Entfremdung – Sechs Studien zum Bewußtsein abhängig Arbeitender" verwendet. Die Folge heißt *Elke C. und Erika K. – Cutterin* (WDR 3, Erstsendung 25. Dezember 1974).

6   Harun Farocki: „Drückebergerei vor der Wirklichkeit. Das Fernsehfeature / Der Ärger mit den Bildern", in: *Frankfurter Rundschau*, 2. Juni 1973.

was diese Einrichtung sein könnte. Zwischen dem bescheidenen Anspruch, „einfach ein Büro zur Anleitung und Koordination einiger Dokumentarfilmarbeiten" zu sein, und dem ironisch-ehrgeizigen Ziel, „[i]n letzter Konsequenz eine (die) nationale Bilderbibliothek" zu werden, liegt ein kaum überschaubares Feld von logistischen, arbeitsökonomischen und systematischen Aufgaben.

Als „Einrichtung", die sich auf Farockis Bildforschung und seine Kritik an den herrschenden Bildverhältnissen der vergangenen Jahrzehnte beruft, ist das Harun Farocki Institut in einer historischen Situation gegründet worden, in der bestimmte Standards der analytischen Bearbeitung von Zuständen des Visuellen vorausgesetzt werden können. Andererseits lässt sich kaum bestreiten, dass Farockis Vorwurf an einen Begriff des Dokumentarischen, dem es genügt, die Welt so zu zeigen, „als wäre sie bekannt", weiterhin prägnant ist. Seine programmatische (und sehr Brechtsche) Forderung nach einem verfremdenden Geschichtlichmachen der Gegenwart verbindet sich dabei mit produktivistischem Ehrgeiz. Die Losung „Wir müssen Bausteine produzieren" ruft zu einer umfassenden Labortätigkeit auf, die die Entwicklung, die Herstellung und die Dekonstruktion dieser Elemente einer bewahrend-projektiven Arbeit der Bilder einschließen sollte. Die Rhetorik des Elementaren und Architektonischen, skandiert durch ein drängendes „Müssen", entbehrt nicht eines gewissen Pathos. Es dürfte sich dem appellativen Charakter des Papiers verdanken. Als Prospectus eines zu gründenden Instituts ist dieses gleichermaßen politisches Manifest wie existenzielles Zeugnis von individuellen und kollektiven Zwangslagen, Enttäuschungen, Verärgerungen. Gleichzeitig erscheinen die über einen längeren Zeitraum stattfindenden Gespräche und Zusammenkünfte, in denen wohl auch Gedanken über die „Einrichtung" zirkulierten, ihrerseits wie Produktionsmittel. Statt sich zum „Opfer" gesellschaftlicher Verhältnisse zu deklarieren, sollte der Autor gesellschaftliche Realität aktiv gestalten und dadurch Zukünftiges in die gegenwärtige Welt bringen. So verwandelt „Was getan werden soll" Unzufriedenheit über das Bestehende in einen produktiven Realismus, von Farocki grammatikalisch im Präsens gefasst: In dem prospektiven Arbeitspapier gibt es die „Einrichtung" bereits, sie muss nur mit konkreten Mitteln umgesetzt werden. Das ist nicht utopisch zu verstehen, sondern im Sinn einer Antwort auf den „Kapitalistischen Realismus" – über die bloße Analyse hinaus die Elemente der Medienindustrie offenzulegen und gegen sich selbst zu wenden.[7] Im Unterschied zum „Kapitalistischen Realismus" bildender Künstler in West-Berlin, deren Politisierung durch die isolierte Position der Stadt stärker system-analytisch orientiert war als das Wirtschaftswunder-beeinflusste „Leben mit Pop" in Düsseldorf,[8] situiert sich die West-Berliner Filmemacher-Szene um Farocki näher an massentauglichen Möglichkeiten von Funk und Fernsehen mit ihrer Wirksamkeit im häuslichen Bereich, d. h., näher an „Volkstümlichkeit und Realismus" (1938), wie sie bei Brecht gelesen oder bei Jean-Luc

---

7   So wie dies etwa zur gleichen Zeit in ähnlicher Weise auch an den Schnittstellen von bildender Kunst, Videoaktivismus und „Guerrilla Television" in Nordamerika geschah. Siehe z. B. David Joselit: *Feedback. Television Against Democracy*, Cambridge, MA/London: The MIT Press, 2007.

8   Siehe René Block: Einführung zu *The Berlin Scene 1972*, Gallery House London, 21. Oktober bis 19. November 1972, keine Seitenzahl. In Düsseldorf bildete sich bereits in den frühen 1960er Jahren eine Gruppe um Manfred Kuttner, Konrad Lueg, Sigmar Polke und Gerhard Richter heraus, deren Aktion *Leben mit Pop* im Möbelkaufhaus Berges im Oktober 1963 eher im Zusammenhang mit dem American Pop wie des *The American Supermarket* in der Bianchini Gallery in New York im Herbst 1964 zu lesen wäre. Zu Bild-Praxis und Arbeitsverhältnisse in West-Berlin aus filmfeministischer Perspektive siehe auch Helke Sanders Film *Redupers* (1977). Mit Mark Fishers Buch *Capitalist Realism. Is There No Alternative?*, Ropley: Zero Books, 2009, hat der Begriff des „Kapitalistischen Realismus" sowohl im zeitgenössischen Kunst-Kontext als auch in kulturtheoretischen und politischen Debatten wieder aktuelle Relevanz erhalten.

Godards *Numéro deux* (1975) gesehen wurden. Auch wenn Farocki mit den Aktivitäten der Kunstszene West-Berlins einigermaßen vertraut war,[9] existierte unter den Filmemacher/-innen um die Gruppe der 1968 relegierten Student/innen der Deutschen Film- und Fernsehakademie Berlin (dffb) eine Art arrogantes Misstrauen gegenüber der Wirksamkeit von Kunst als politischem Mittel.[10] Bedenkt man Farockis Wirken in den Räumen und Institutionen der zeitgenössischen bildenden Kunst ab Mitte der 1990er Jahre, fällt auf, wie sich das Verhältnis zu diesem Bereich der Kulturproduktion verändert hat, vielleicht verändern musste: Die (teilweise) Verlagerung seiner Praxis reagierte auf den Umbau der Infrastrukturen, in denen Bilder massenwirksam produziert, gezeigt und kritisiert werden. Diese Veränderungen informieren die Bedingungen von Visualität, die ein „Dokumentations-Zentrum" im 21. Jahrhundert adressieren sollte.

Darüber hinaus rechnet „Was getan werden soll", vor allem im Umfrageteil, sehr pragmatisch mit den zu erwartenden ökonomischen Realitäten einer unabhängigen, ja sezessionistischen Forschungsstelle in den 1970er Jahren. Als Sammelpunkt für dokumentarische Produktionen, die sich den Massenmedien verweigern oder von diesen abgewiesen wurden, dachte Farocki an eine Gegeninstitution, an der jenseits der linksliberal dominierten Redaktionen der Fernsehanstalten auf der Basis radikaler Konzeptionen von Wirklichkeit und Geschichte neue filmische Verfahren entstehen sollten – ohne damit aber mögliche Kooperationen mit eben jenen öffentlich-rechtlichen Medien sowie Volkshochschulen, Universitäten, Stiftungen oder sogar der Privatwirtschaft auszuschließen. Farocki verweigerte sich den ideologischen (und tendenziell sektiererischen) Reflexen einer 1976 bereits in die Jahre

---

9 Beispielsweise kannte und schätzte Farocki die Arbeit von KP Brehmer.
10 Farocki in informellen Gesprächen über das Verhältnis von Kunst- und Filmszene West-Berlins in den 1970er Jahren.

gekommenen Neuen Linken, indem er im Interesse eines gesellschaftlich-pädagogischen Gestaltungswillens eben selbst vor dem Bild einer „nationale[n] Bilderbibliothek" nicht zurückschreckte.[11] Auch ist sein Papier äußerst realistisch darin, dass es nicht darum gehen kann, eine weitere Institution hochprekären, nur durch den eigenen Idealismus entlohnten Arbeitens zu schaffen; diesen Modus des „Kleinproduzenten" im Kulturbetrieb kannte Farocki zur Genüge.[12] Damals wie heute gilt: „wir müssen wissen, wieviel zeit und kraft jeder einsetzen kann."

Für das Harun Farocki Institut zeichnen sich nicht nur in der Frage der Produktionsbedingungen Schnittstellen, aber auch Unvereinbarkeiten ab. Wie bereits angedeutet, hat ja die von Farocki selbst maßgeblich vorangetriebene Untersuchung dokumentarischer Bilder und ihrer Wahrheitspolitik den Umgang mit diesen von Grund auf gewandelt. Darüber hinaus ist die institutionelle Landschaft, in der solche Untersuchungen vorgenommen werden können, heute eine andere. Die Bedeutung, die der globalisierte Betrieb der zeitgenössischen Kunst für die Produktion, Präsentation und Vermittlung (ökonomisch wie pädagogisch) gewinnen würde, war Mitte der 1970er Jahre noch nicht abzusehen. Kritik- und Interventionsformen, wie sie Farocki vor vierzig Jahren aus der

---

11 Denkbar, dass Farocki, gerade was die merkwürdig wirkende „nationale" Komponente der avisierten Einrichtung angeht, das französische Institut National de l'Audiovisuel (INA) vor Augen hatte, das 1974 gegründet worden war und sich ebenfalls zugleich als Archiv und avancierte Produktionsstätte verstand. Für Filmemacher wie Jean Eustache, Straub/ Huillet, aber auch interdisziplinär arbeitende Künstler wie Robert Wilson war das INA in den 1970er Jahren ein wichtiger (Ko-)Produzent. Auch Godards zwei Fernsehserien *Six fois deux* (1976) und *France tour détour* (1979) kamen durch das INA zustande. Siehe dazu „Das Institut National de l'Audiovisuel. Ein audiovisuelles Versuchslabor", Interview mit Jean Collet, in: *CICIM* 15, Mai 1986, S. 6–28.

12 Siehe Harun Farocki: „Anmerkungen zum Status des Kleinproduzenten", in: *Filmkritik* Nr. 204, Dezember 1973, S. 555–557.

Perspektive eines marginalisierten Filmautors imaginierte, werden jetzt fast automatisch im Kontext der Gegenwartskunst verortet. Diese Verwandlungen der Handlungsfelder visueller Theorie und Praxis gilt es zu berücksichtigen – auch da, wo die Rekonstruktion einer historischen Konstellation von ästhetisch-politischen Strategien angestrebt wird.

Für Farocki scheint die Gründung eines Instituts eine Möglichkeit, und sei es nur eine *Denk*möglichkeit gewesen zu sein, den von ihm und anderen vorgefundenen, als heteronom und letztlich unzumutbar empfundenen Bedingungen kritischer Bildproduktion durch die Selbstorganisation von Kritik und Wissen zu begegnen. Die Erforschung und Archivierung dokumentarischer und anderer visueller Praktiken sollte in einem Netzwerk (auch wenn dieser Begriff um 1976 noch fremd geklungen hätte) von intellektuell, politisch und künstlerisch der eigenen, vor allem in der Zeitschrift *Filmkritik* artikulierten Position nahestehenden Akteuren betrieben werden, dessen Zentrum die „Einrichtung" gewesen wäre. Nicht zuletzt erinnert „Was getan werden soll" an Farockis fortwährenden Ruf nach visueller Alphabetisierung, die dazu befähigen würde, Bilder sowohl lesen als auch zusammensetzen zu können – als ob Bilder eine Sprache ergäben, deren Syntax und Grammatik in der Schule von der ersten Klasse an gelernt werden sollten.

Für uns ist dieser Entwurf ebenso wie die Umfrage aus verschiedenen Gründen inspirierend. So zeigt sich, wie die Inanspruchnahme von Begriffen wie „Forschung" oder „Archiv" nicht für die offiziellen, staatlichen Institutionen reserviert sein muss. Im Gegenteil, Farockis Vorstoß der Selbstinstitutionalisierung bestätigt, auch wenn er im Stadium des Diskussionsvorschlags verblieben ist, die Notwendigkeit und die Möglichkeit selbstbestimmter Forschung – und macht zudem deutlich, dass daraus kein Autismus der Wissensproduktion folgen muss. Heute sind bei der Gründung einer freien Forschungsplattform im Kulturbereich das Paradigma der

„künstlerischen Forschung" innerhalb und außerhalb der Hochschulen ebenso zu berücksichtigen wie eine expandierende globale Szene (mehr oder weniger) unabhängiger Kollektive, Gruppen und Organisationen, die an der Hybridisierung von Wissensformen, ästhetischen Verfahren und politischem Aktivismus arbeiten. Dazu sorgen digitale Archive für völlig neue Verfügbarkeiten kultureller Objekte, die mit radikal veränderten Arbeits- und Lebensweisen einhergehen. Nicht nur wegen dieser Entwicklungen befindet man sich mit der Gründung eines Instituts in einem grundsätzlich anderen Umfeld als im Berlin der 1970er Jahre. 1976 mag David Bowie nach Schöneberg gezogen sein, aber die Stadt war nicht unbedingt oder allenfalls ein seltsamer Attraktor des internationalen Kultur- und Wissenschaftsbetriebs. Im Jahr 2016 dagegen haben Beschwörungen von Unabhängigkeit und Selbstorganisation auch mit der neoliberalen Wirklichkeit von Selbstunternehmer/-innentum, Start-Up-Hype, Stadtmarketing und Prekarisierung von Kulturarbeit zu rechnen.

Farocki hat solche Entwicklungen der Produktionsverhältnisse methodisch mitgedacht. Die Entstehung von Film- und Ausstellungsprojekten war für ihn immer gebunden an Überlegungen zur politischen Ökonomie der Bilder. Indem das Harun Farocki Institut von Farockis Praxis ausgeht, kommt es nicht umhin, stets die Bedingungen (ökonomisch, politisch, sozial, diskursiv) der eigenen Möglichkeit und die Mittel des Produzierens als Teil des Projekts zu reflektieren. Bereits die *Form* des Instituts, also eines sozialen und physischen Ortes, wie er von Farocki imaginiert wurde, an dem zusammen gearbeitet wird, kann hier als Herausforderung verstanden werden, an die 1976 unrealisiert gebliebene Idee einer forschenden Kollektivität unter neuen Bedingungen (die gleichwohl nicht ohne historische Bezüge sind) anzuschließen.

Tom Holert, Doreen Mende, Volker Pantenburg
Berlin, im Mai 2016

Peter Nestler, S 194 00 Upplands Väsby, Dragonv. 56/IV

Lieber Harun,

danke für Deinen Brief vom 3.12.[1975] und den Text ange-
hend eine nationale Bilderbibliothek. Natürlich wäre das
eine gute Sache und es gibt zahlreiche Gebiete ausserhalb
der Industrieproduktion, die dokumentiert werden sollten,
aber die wichtigste Seite ist die Industrieproduktion. Das
haben kurz nach dem Bekanntwerden der Filmkunst die
schwedischen Unternehmer sofort begriffen und mit der Ab-
sicht, die in den vorausgegangenen Jahrzehnten rasch ge-
wachsene schwedische Industrieproduktion zu propagieren
(mit englischen, japanischen etc Zwischentiteln), hat man
1908–12, durch Pathé meist, eine Art Inventur gemacht,
wirkliche „Bausteine". Mir war dieses hervorragend erhal-
tene, inzwischen umkopierte Material sehr nützlich.

Wildenhahn/Tuchtenhagen haben dank günstiger Umstände
(NDR Fernsehspiel) eine wichtige Dokumentation über die
Landwirtschaft in Schleswig Holstein gemacht, ein Segment,
in dem eine Menge ersichtlich wurde. Dein Vorschlag wirft
viele Fragen auf. Vor allem: wie kann eine solche Institution
sich den notwendigen reichlichen Geldzufluss erhalten
(und die erforderlichen Drehgenehmigungen aller möglichen
Eigentümer und Eigentumsverwalter), wenn dort verschwie-
gene Aspekte der gesellschaftlichen Wirklichkeit der BRD
nicht nur gesammelt, sondern auch einer solchen Verwendung
und Montage zugänglich gemacht werden, die Veränderungen
der registrierten wirklichen Gegenwart immer mehr Menschen schreiend notwendig erscheinen lassen. Mir ist da der
Fall Holzer ein warnendes Beispiel aus der BRD, wo man
also nicht nur den Menschen aus der Uni gefeuert hat, sondern auch seine Bücher aus den Regalen.

Trotzdem soll man natürlich versuchen, eine nationale Bilderbibliothek zu schaffen. Unter der von Anfang an ausgesprochenen Voraussetzung, dass das Zusammengetragene jedermann zugänglich sein soll in Form von Dup-negativen und Kopien, zu Selbstkosten. Wenn Restriktionen, dann nur von Seiten derjenigen Filmemacher die das angeforderte Material produziert haben. Die Finanzierung ist die wirkliche Gefährdung der Unabhängigkeit der Einrichtung. Das muss Geld sein, mit dem man regelmässig rechnen kann. Nicht Zuschüsse, mal mehr, mal weniger.

Hier in Schweden gibt es das FilmCentrum (in dem ich bin), ein nichtkommerzieller Verleih ähnlich vielen anderen in der BRD z.B., gleichzeitig Zusammenschluss von Filmemachern zum Zweck der kollektiven Produktion umfassender Dokumentationen (Wohnungssegregation in Schweden, der Kampf des vietnamesischen Volkes). Und da kommen jetzt auch nach zähem Kampf Gelder von der Arbeitsmarktbehörde, dem Kulturministerium. Auch erzwungen durch die dank der Rationalisierung im TV katastrophale Lage der freelancer...

Ich bin also sehr für diese Einrichtung! Und dagegen, dass hinterher auch da alle Linken rausgeschmissen werden und die Reaktion dann das Ding verrotten lässt.

Herzliche Grüsse, Gutes Neues!
Peter

Impressum

Herausgeber: Harun Farocki Institut
Redaktion: Elsa de Seynes

Gestaltung: Daniela Burger, buerodb.de
Druck: Druckerei Conrad, Berlin
Fonts: Neutral BP, Excelsior
Papier: Munken Lynx, Efalin Feinleinen
Auflage: 1000
ISBN: 978-2-940524-50-1

Dank an Antje Ehmann, Anna Faroqhi, Lara Faroqhi
und Johannes Beringer, Ingemo Engström, Helmut Färber,
Peter Nestler, Hanns Zischler
© 2016, die Autoren und Harun Farocki Institut, Berlin
2. verbesserte Auflage 2017

Veröffentlicht von Harun Farocki Institut mit Motto Books

HaFI 002

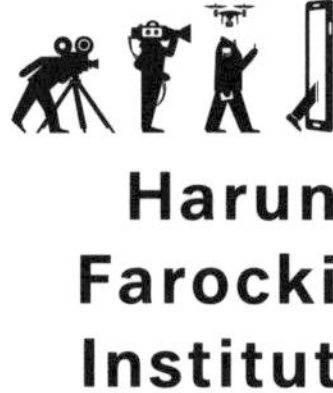

**Harun
Farocki
Institut**

What Ought to Be Done

We want to create an institution that is at first just an office for initiating and coordinating some documentary work.

Ultimately, a (the) national image library.

Producing material to investigate the present, the future past.

This institution is intended to collect, i.e. secure what is there, and produce, i.e. initiate what is not yet there.

Its work should be non-commercial; its resources and staff should come from the public academic sphere.

Ways of working.
The institution commissions a team to produce film material on a specific subject.

The institution coordinates the work of several teams working on specific subjects.

The institution enables someone who is making a film about a specific subject
either to realize documentary investigations on film that would otherwise exist only on paper or in the head,

or it gives someone who has briefly touched on something important in an existing work the opportunity to expand on this subject.

Something on the documentary value of films
Just as in the work with written sources, documentation can't be left to journalism. The millions of kilometers that are

produced each year in film and TV are ill suited to documenting the real world in a way that enables you to work with the sources.

Not only does the material lack indications of location, time, and condition of the recording; it is entirely absorbed into the final product—more so than with working with texts. From a text that says something you can also deduce something that is not said. You can state this by referring to the material value of this text.

With film material you can perhaps deduce something else, but you can hardly write anything else with it. If you try to do this, as is common in compilation, you end up with untenable statements.

A newsreel from 1947 tends to document how a newsreel was cut and spoken at the time, rather than how things looked then and what a speaker said. Unlike in textual work, editing the negative definitively biases the material toward a particular substantial/representational interest. (Whereas a written source is opened up to new uses through its interpretation). TV broadcasters destroy their excess material (editing remnants).

The specific purpose of utilization/expression in journalism also prevents the adequately intense and continuous investigation of a subject.

Moreover, not enough research is being done on what really constitutes a useful library of images; the systematic and what defies systematization.

What is called documentation shows the world as if it were known, which has the effect that a few years later, we can no

longer experience what it looked like. Images must be made with which today's strange world can be discovered and the present becomes history. We need to produce building blocks. First we need to develop them, and then we have to assemble and disassemble.

With an institution like this we can also organize a coalition of working people, not from an abstract understanding but from the contact points of their work.

SURVEY

we are writing this letter in order to see what you expect from an institution as we design one. (see the attached first draft by h. farocki). we are writing in order to find out in detail what you could do for such an institute.

we assume
that the images produced and preserved by journalism, mostly tv journalism, have little documentary value. they are produced by people who have a small set of expected assumptions in their heads. disposable illustrations of preconceived regimes of thought and speech. hardly any processes are recorded, almost only visual metaphors. the originals are cut for one-time representation. a few years later you see that the images have only documented the lingo of journalism at a given time, nothing more. moreover, the images are hard to access for legal reasons.

we assume
that in a joint effort, means of production must be procured from teaching and research institutions in order to produce film images with a genuine documentary value. they can be made with the desire to preserve something that is there (and not only its accepted expression), and they can be made with the desire to convey something (and not only its accepted expression).

having found out whether and how we can constitute ourselves, we intend to employ a secretary or go-between who will investigate into fundraising full-time.

we ask you whether you would be willing and able to do this work, or if you know someone who would like to do it (1).

connections

we need to find out which institutions in the FRG could support our proposal—universities and public authorities, unions and parties, businesses and foundations. perhaps television as well, if we approach it in such a way that a special agreement becomes possible. it is important that you write down every organization that might finance our work. note the exact name, address, and respective contact person. also add your experience with this person and organization. the organization could perhaps only promote only a part of our work. so don't skip even the remotest possibility, perhaps a company that makes pedological movies (2).

also suggest whether we should join us an existing institution (3).

projects

in order to collect, compare, and connect, everyone should inform us about their individual projects. short description. including projects that have been rejected by tv and other production facilities, interrupted or abandoned or dismissed work. identify the status of the project: first idea, or including 5 years of research … (4)

existing material

certainly there is a lot of material lying around in people's basements. short descriptions of this are also welcome. e. g. "5 hours of conversation from august 1961 with a kulmbacher potter about his glazes, 16 mm, black/white, synchronous sound on two rolls."

please also indicate other people's accessible material (5).

<u>references</u>

we have come to the conclusion that in order to put in applications we will need references, i. e. there should be members of this initiative who have film footage, video, and audio tapes to demonstrate that we are qualified to do documentary work. please name works of yours that can fulfill this function (6).

<u>plan</u>

above and beyond your individual contributions, suggestion about the desired <u>areas of work</u> and <u>working methods</u> of such an institute are most welcome.

the enclosed sketch lists some possible working methods. please describe, which ones you deem realistic for you and in general (7).

<u>equipment</u>

do you have camera, editing table, tape recorder, video equipment? do you have access to equipment from other individuals or institutions? please tell us the conditions under which the hardware, possibly also film material and tv tapes, are available (8).

<u>disposition</u>

it will be difficult to build up a working facility. we need to know how much time and energy anyone can invest. please write how you might available in the course of the next one and a half years. please reply no later than september 30, 76. write to the editors of filmkritik 8 munich 2, kreittmayrstraße 3 (9).

cordial greetings, on behalf of h. farocki

Producing Building Blocks
The working paper "What Ought to Be Done"

At the end of 1975 Harun Farocki sat down at an electric typewriter and began to write.[1] The two-page appeal, structured in short sections, is titled "What Ought to Be Done." It is accompanied by a two-and-a-half page "Survey," which was possibly written later in the summer of 1976.[2] Farocki does not write as a Romantic authorial subject. The text begins emphatically with "we," he signs the survey "by order." Whom precisely the "we" refers to in the two documents, and at whose behest they were written, is not clear from the texts. Shortly after Farocki's death in the summer of 2014, Johannes Beringer, who worked on many of Farocki's productions from the 1970s, gave us (another "we") access to the text in the form of a faded photocopy, together with a collection of scripts, working papers, and treatments from the years 1970 to 1982. Today he is unable to recall anything about the background to the writing of the texts, on possible group collaborators, or reactions to the survey. Even the pages of *Filmkritik* from the years 1976 and 1977, whose Munich editorial office is given as the return address for responses to the survey to be received by September 1976, reveal only indirect traces.

---

1   As early as April 1975 a discussion of the terms "work" and "institute" can be found in a letter to Farocki from Hella Jürgens, which clearly stands in a direct relationship to Farocki's work on *Filmkritik*, 291, from March 1975. A direct response to Farocki's idea for a "documentary archive" can be found in a return letter from Ingemo Engström dated December 2, 1975.

2   Clearly no accident, the title is reminiscent of Jean-Luc Godard's "Que faire?" (1970), which in turn quotes Lenin's "What is to Be Done?" (1902). Frieda Grafe translated Godard's manifesto for the book *Godard/Kritiker*, Munich: Hanser, 1971.

However, Ingemo Engström, intimately acquainted with Farocki's life and work at this time, clearly recalls that their collaborative film *Erzählen* (About Narration)(1975) provided an important context for the paper. In an e-mail from March 2016 she wrote: "The first draft of *Erzählen* is dated February 12, 1975. This was initially written by Farocki for the WDR [Westdeutscher Rundfunk] and it actually contains a number of elements which appeared again in the appeal 'What Ought to Be Done'…. However, Harun had already shared this idea for a documentation center with me, in an abridged form, in a letter from January 1975. Thus the idea of an appeal was already circulating before the WDR draft of *Erzählen* and the start of filming in summer 1975. An inaugural meeting for the founding of a documentation center was also held in my apartment at the time in the Nymphenburger Straße in Munich. This was mainly attended by people working for *Filmkritik*, of which a number were also filmmakers, however there were also two or three other people, Helmut Färber for example, a rare individual in German cinema. I can't remember whether this meeting was held before or after the filming of *Erzählen*. In a letter I received from Harun dated January 6, 1976, he wrote that he had received a letter from the Swedish-based documentary filmmaker Peter Nestler. 'I received an intelligent letter from Nestler on the institute issue; Färber also came up with some ideas.' Thus the idea for the appeal 'What Ought to Be Done' was developed at precisely the time we conceived and filmed *Erzählen*. The film script also contained similar appeals to filmmakers, e.g. 'connecting several projects so that learning for the individual proceeds in an unbroken line' or 'authorship as the definition of a certain intensity in the relationship to the means of production and subject.'"[3]

---

3   Ingemo Engström: e-mail to Doreen Mende from March 31, 2016. The letter from Peter Nestler to Farocki is available as part of this publication.

Engström's description makes it clear that Farocki's paper was the product of lively discussion and that his text was circulated, at least within a small circle. However, the idea for an "institution," as imagined by Farocki, has not resulted in the actual establishment of such a body. Notwithstanding, in addition to *Erzählen*, there are numerous other examples from Farocki's "compound system" from the mid-1970s in which film productions are explicitly conceived of as an "coalition of working people." In 1976, together with Hanns Zischler, he staged the two Heiner Müller plays *Die Schlacht* (The Battle: Scenes from Germany) and *Traktor* (Tractor), initially for German television (Sender Freies Berlin/SFB), later for the stage at the Theater Basel.[4] This was followed by the radio play *Das große Verbindungsrohr* (The Big Connecting Pipe) (WDR 3), broadcast in April 1976, a multi-voiced collage of historical documents exposing the alliance between German heavy industry and burgeoning fascism, which was both the preliminary result of research work and an important prelude to *Zwischen zwei Kriegen* (Between Two Wars).

In the years prior to the completion of this film in 1978—an "independent production funded by the participants," as stated in the credits—which was Farocki's first genuine film for the cinema following a long and difficult production history, he primarily worked for television and radio. Many of Farocki's *Filmkritik* texts and polemics from this time address the inadequacies of photojournalism and the working

---

4   See the texts "Erneut Bedenkliches," *Filmkritik*, 238 (October 1976): 500–08; and "Ein Zigarettenende ...," *Filmkritik*, 241 (January 1977): 36–48, in which Farocki and Zischler report on their work in Berlin and Basel. Today, Hanns Zischler is unable to recall "What Ought to Be Done" or the background to Farocki's appeal: "Strangely, I can't ever remember hearing of the project typed up here, only very vaguely, at the edge of my memory horizon does it become clear that Harun's relationship to *Filmkritik* was much more intense and longer than mine" (Hanns Zischler: e-mail to Volker Pantenburg from March 20, 2016).

conditions of TV documentary makers.[5] Television work is also the central subject of three programs that Farocki filmed for the WDR series "Telekritik" (A Critique of Television) from 1973 to 1975. In *Der Ärger mit den Bildern* (The Trouble with Images) and *Arbeit mit Bildern* (The Struggle with Images) the rhetorical character of the "Feature" genre is subjected to detailed analyses, in *Über 'Song of Ceylon' von Basil Wright* (About 'Song of Ceylon' by Basil Wright), the British film from 1934 appears as an antidote to the slipshod pseudo-documentary style of television reporting. "It cannot be demanded of the feature that it only employ concrete expressions," wrote Farocki in an accompanying text to one of the "Telekritik" programs, "however one can see that the majority of its abstractions are just attempts to shirk the responsibility of examining reality."[6]

The "institution" proposed by Farocki was intended to facilitate other, social and collaborative processes, comprehensive and interdisciplinary studies without time pressure, works that take the "documentary value of films" seriously. In the first two sentences of the document, the enormous breadth of what this institution could become is already

5   For example, see "Arbeiten–beim Fernsehen," *Filmkritik*, 291 (March 1975): 110–17: the article is the result of discussions Harun Farocki held with the WDR cutters Elke Christ and Erika Kisters. The conversations appear to be part of the research conducted to gain a clearer analysis of the working conditions in an "institution." It addresses issues of co-determination, division of labor ("... should be a manual process; cutter is a creative-technical profession. But beyond this, there should be no division," p.112), authorship, and the question of how images can be made to talk, instead of "killing and silencing" them with texts. Farocki also employed these talks in an episode of his radio series "Berufsarbeit und Entfremdung – Sechs Studien zum Bewußtsein abhängig Arbeitender." The episode is titled *Elke C. und Erika K. – Cutterin* (WDR 3, first broadcast on December 25, 1974).

6   Harun Farocki: "Drückebergerei vor der Wirklichkeit. Das Fernsehfeature / Der Ärger mit den Bildern," *Frankfurter Rundschau*, June 2, 1973.

apparent. Between the modest claim to be "just an office for initiating and coordinating some documentary work," and the ironic-ambitious goal of becoming "ultimately, a (the) national image library" lies a vast, virtually impenetrable range of logistical, work efficiency, and systematic tasks.

As an "institution" that invokes Farocki's image research and critique of the dominant image relations of the preceding decades, the Harun Farocki Institut has been founded in a historical situation in which, after decades of debates inside and outside academia, a certain level of analyzing states and conditions of the visual can be assumed. On the other side, it can hardly be disputed that Farocki's critique of a concept of the documentary, which is content with showing the world "as if it is known," is as relevant as ever. His programmatic (and highly Brechtian) demand for a historicized estrangement of the present is combined with productivist ambition. The slogan "We must produce building blocks" calls for comprehensive laboratory work, which, alongside the development, manufacture, and deconstruction of these elements, should also include their preservative-projective treatment. The rhetoric of the elementary and architectonic, intoned through an insistent "must," is not without a certain pathos. It can be seen as a product of the paper's appellative character. As a prospectus for a future institute, it is both a political manifesto and an existential testimony to individual and collective predicaments, disappointments, and irritations. At the same time, the discussions and meetings that took place over an extended period, in which thoughts on the "institution" also circulated, appear like a means of production. Instead of declaring himself the "victim" of societal conditions, the author should actively shape social reality, thus bringing the future into the world of the present. As a result, "What Ought to Be Done" transforms dissatisfaction with the existing into a productive realism, which Farocki formulates in the present

tense: in the prospective working paper the "institution" already exists, it only needs to be realized with concrete means. This is not meant in a utopian sense, but as an answer to "capitalist realism"—going beyond mere analysis to expose the elements of the media industry and to use them against it.[7] In distinction to the "capitalist realism" of visual artists in West Berlin —whose politicization, thanks to the isolated position of the city, had a greater system-analytical component than the Düsseldorf "Life with Pop"[8] which emerged under the influence of the economic miracle—the West Berlin filmmaker scene around Farocki was closer to the possibilities for mass dissemination offered by radio and television and their effectivity in the domestic environment, i. e. closer to the "Popularity and Realism" (1938) as read in Brecht or as seen in Jean-Luc Godard's *Numéro deux* (Number Two) (1975). Although Farocki was relatively familiar with the activities of West Berlin's art scene,[9] there was a form of arrogant mistrust with respect to the effectivity of art as a political weapon among the filmmakers gathered around the group of Deutsche Film- und Fernseh-

7   As occurred in a similar fashion around the same time at the interface between the visual arts, video activism, and "Guerrilla Television" in North America. See e.g. David Joselit, *Feedback. Television Against Democracy*, Cambridge, MA/London: The MIT Press, 2007.
8   See René Block, introduction to *The Berlin Scene 1972*, Gallery House London, October 21–November 19, 1972, no page reference. In Düsseldorf in the early 1960s a group formed around Manfred Kuttner, Konrad Lueg, Sigmar Polke and Gerhard Richter, whose happening *Leben mit Pop*, held at the Berges furniture store in October 1963, should be seen in the context of American Pop such as *The American Supermarket* held at the Bianchini Gallery in New York in the fall of 1964. For the image-praxis and working conditions in West Berlin from a feminist-film perspective see also Helke Sander's film *Redupers* (1977). With Mark Fisher's book *Capitalist Realism. Is There No Alternative?* (Ropley, Hampshire: Zero Books, 2009), the concept of "capitalist realism" has enjoyed a renaissance in the contemporary art context as well as in cultural-theoretical and political debates.
9   For example, Farocki knew and valued KP Brehmer's work.

akademie Berlin (dffb, the German Film and Television Academy) students expelled in 1968.[10] If one considers Farocki's impact within the spaces and institutions of contemporary visual art from the mid-1990s, then one is struck by how his relationship to this area of cultural production had changed, perhaps had to change. The (partial) shift in his praxis was a response to the reorganization of the infrastructures, in which the production, display, and criticism of images now had mass appeal. These changes inform the conditions of visuality which a "documentation center" of the twenty-first century must address.

In addition, "What Ought to Be Done," especially in the survey section, also addresses, in a highly pragmatic fashion, the anticipated economic realities of an independent, even secessionist research facility in the 1970s. As a collection point for documentary productions which refuse the mass media or are rejected by them, Farocki envisaged a counter-institution. Here, beyond the editorial departments of the television institutions dominated by leftwing liberals, new cinematic processes could be developed based on radical conceptions of reality and history—without excluding possible co-operations with these self-same public service media as well as adult education centers, universities, foundations, or even the private economy. Farocki rejected the ideological (and potentially sectarian) reflexes of a New Left, which in 1976 was already past its prime. In the interest of a social-pedagogical agenda, he was even prepared to embrace the idea of a "national image library."[11] His paper is also extremely realistic in its conviction

---

10 Farocki in informal discussions on the relationship between the art and film scenes in West Berlin in the 1970s.

11 With reference to the rather incongruous "national" component of the envisaged institution, it is possible that Farocki had the French Institut National de l'Audiovisuel (INA) in mind. Founded in 1974, it was also conceived as both archive and collaborative production facility. For filmmakers such as Jean Eustache and Straub/Huillet, but also interdisciplinary

that the goal cannot be the creation of another highly preca-rious institution where the only reward for one's work is one's own idealism; Farocki was more than familiar with the eco-nomic status of "small producers" within the cultural industry.[12] The following applies then as now: "we need to know how much time and energy anyone can invest."

For the Harun Farocki Institut the issue of production condi-tions presents the prospect of both interfaces and incompati-bilities. As already indicated, the examination of documentary images and their truth politics, which Farocki himself was implementary in developing, has led to a fundamental change in the manner in which they are handled. Furthermore, the in-stitutional landscape in which such studies can be conducted is now a different one. In the mid-1970s, the importance that the globalized contemporary art industry would have for the production, presentation, and mediation (economically and pedagogically) of such images could not be predicted. Forms of criticism and intervention, as Farocki imagined them forty years ago from the perspective of a marginalized film author, are now almost automatically located in the context of con-temporary art. This transformation in the fields of operation of visual theory and praxis must be taken into account—also when pursuing the reconstruction of a historical constellation of politico-aesthetic strategies.

For Farocki the founding of an institute appears to be a possibility, even if only a thought possibility, to combat the heteronomous and ultimately unacceptable conditions of critical image production, as he and others encountered and

---

artists such as Robert Wilson, the INA in the 1970s was an important (co-)producer. Godard's two television films *Six fois deux* (1976) and *France tour détour* (1979) were also produced with the assistance of the INA. See "Das Institut National de l'Audiovisuel. Ein audiovisuelles Versuchslabor," an interview with Jean Collet, *CICIM*, 15 (May 1986): 6–28.

12 See Harun Farocki: "Anmerkungen zum Status des Kleinproduzenten," *Filmkritik*, 204 (December 1973): 555–57.

experienced them, with the self-organization of criticism and knowledge. The study and archiving of documentary and other visual practices was to be conducted by a network (even though this term may have sounded foreign in circa 1976) of protagonists close to one's own intellectual, political, and artistic positions, above all those articulated in the magazine *Filmkritik*, and whose center would be the "institution." Last but not least, "What Ought to Be Done" recalls Farocki's continual call for visual literacy which would empower people to both read and put together images—as if images constituted a language whose syntax and grammar could be learnt in school from the first grade.

For us this draft, together with the survey, is a source of inspiration for a variety of reasons. They demonstrate how the use of terms such as "research" and "archive" need not be reserved for the official, state institutions. On the contrary, Farocki's championing of self-institutionalization, even though it remains at the stage of a discussion proposal, confirms the necessity and possibility of self-determined research—as well as making it clear that this must not result in an autistic form of knowledge production. Today, when it comes to founding an independent research platform within the cultural sector, the paradigms of "artistic research," inside and outside the universities, must be taken into account, together with an expanding global scene of (more or less) independent collectives, groups, and organizations who are working on the hybridization of knowledge forms, aesthetic processes, and political activism. In addition, digital archives have generated completely new ways of accessing cultural objects, which go hand in hand with radically transformed ways of working and living. However, these developments are not the only factors that have changed. Today, when founding an institute, one is confronted with a completely different environment compared to Berlin in the 1970s. David Bowie may have moved to Schöneberg in 1976, but the city at the time was far from being a source of

attraction (or, at most, a strange attractor) for the international cultural and scientific scene. By contrast, in 2016, invocations of independence and self-organization must also confront the neoliberal reality of self-employment, start-up hype, city marketing, and the increasing precarization of cultural work.

Farocki explored such changes in the relations of production in his methodology. He always linked the creation of film and exhibition projects with considerations on the political economy of images. By taking Farocki's praxis as its starting point, the Harun Farocki Institut cannot avoid engaging in a continual process of reflecting on the conditions (economic, political, social, and discursive) of its existence and means of production as part of the project itself. Even the form of the institute as imagined by Farocki, in other words a social and physical site which is the product of a collective effort, can be understood as a challenge to reconnect to the unrealized idea of a research collective from 1976, albeit under new conditions (which however, are not without their historical context).

Tom Holert, Doreen Mende, Volker Pantenburg
Berlin, May 2016

Peter Nestler, S 194 00 Upplands Väsby, Dragonv. 56/IV

Dear Harun,

Thank you for your letter from 03/12[/1975] and the text concerning a national image library. Naturally it would be a good thing and there are numerous areas beyond industrial production that should be documented, however the most important side is industrial production. Swedish businessmen realized this immediately following the emergence of cinema, and from 1908–12 with the aim of promoting Swedish industrial production which underwent rapid growth in the preceding decades, a form of inventory was created through Pathé (with English, Japanese etc. intertitles), real "building blocks." This excellently preserved material, which has now been copied, was very useful to me.

Thanks to favorable conditions (NDR television) Wildenhahn/ Tuchtenhagen have created an important documentary on agriculture in Schleswig-Holstein, a sector in which a lot became apparent. Your proposal raises numerous questions. Above all, how can such an institution obtain the large amount of money required (and the necessary permission to film from all manner of owners and property managers) when hidden aspects of social reality in the FRG are not only to be collected but such usage and montage is also to be made available, when changes to the real present as it is recorded appear increasingly urgent to more and more people. The case of Holzer is a cautionary example from the FRG where the person was not just fired from the university but also had his books taken from the shelves.

Nevertheless, one should of course still attempt to create a national image library. Under the precondition, which should

be made explicit from the start, that the collected material is to be made available to all in the form of dupe negatives and copies, at cost price. If there are to be any restrictions, then only on the side of the filmmakers who have produced the requested material. The financing is the real threat to the independence of the institution. It has to be money that one can count on regularly. Not grants, sometimes more, sometimes less.

Here in Sweden there is the FilmCentrum (that I am part of), a non-commercial film distributor similar to many in the FRG e.g., simultaneously functioning as a coalition of filmmakers for the collective production of extensive documentaries (residential segregation in Sweden, the struggle of the Vietnamese people). And now following a tough struggle money is also coming from the Labor Market Authority and the Ministry of Culture. Also compelled by the catastrophic position of freelancers as a result of the rationalization of TV....

I am very much for this institution! And against a subsequent purging of all the left wingers with the reactionary forces then allowing the thing to rot.

Warm regards and happy New Year!
Peter

Publisher: Harun Farocki Institut
Managing Editor: Elsa de Seynes

Translation: Colin Shepherd (Producing Building Blocks,
Letter from Peter Nestler), Volker Pantenburg and Michael
Turnbull (What Ought to Be Done/Survey)
Proofreading: Mandi Gomez (Producing Building Blocks)
Design: Daniela Burger, buerodb.de
Printing: Druckerei Conrad, Berlin
Fonts: Neutral BP, Excelsior
Paper: Munken Lynx, Efalin Feinleinen
Print Run: 1000
ISBN: 978-2-940524-50-1

Thanks to Antje Ehmann, Anna Faroqhi, Lara Faroqhi
and Johannes Beringer, Ingemo Engström, Helmut Färber,
Peter Nestler, Hanns Zischler
© 2016, the authors and the Harun Farocki Institut, Berlin
2nd revised edition, 2017

Published by the Harun Farocki Institut with Motto Books

HaFI 002

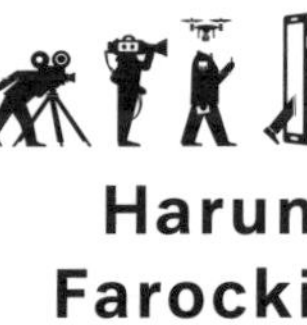

**Harun
Farocki
Institut**